O melhor Natal

Preparando-se para a chegada de Jesus

O Natal é motivo de muita alegria:
não nos sentimos mais sozinhos,
pois Deus vem para ficar conosco.

(Papa Francisco)

Finalmente chegou dezembro! Mês de preparativos e de celebração do Natal!

Este livro quer ajudar você a se preparar para a chegada do Menino Jesus, tanto no aspecto prático, com dicas de decoração e culinária, quanto, de modo especial, espiritualmente, com orações, reflexões e uma novena. Afinal, o Natal é o momento de nos sentirmos física e mentalmente unidos às outras pessoas e de alimentarmos a nossa fé. Desse modo, é importante que contemplemos a Palavra de Deus na Bíblia e a reflitamos em nossa vida. Com os afazeres práticos bem organizados, será mais fácil abrirmos o coração para receber Jesus.

Contagem regressiva

Dezembro é mês de alegria, renovação, esperança e gratidão!

Na Igreja Católica, este período é chamado de Advento, quando nos preparamos para celebrar a vinda do Filho de Deus.

Montar um calendário ajuda a adentrar no espírito natalino e também a se organizar. É tempo de escolher e comprar os presentes, decorar a casa, selecionar as músicas que vão embalar a ceia, preparar pratos gostosos, rezar, agradecer e partilhar as graças recebidas ao longo do ano.

Marque na tabela ao lado os dias da semana e planeje suas tarefas!

DEZEMBRO

1 S T Q Q S S D	2 S T Q Q S S D	3 S T Q Q S S D
4 S T Q Q S S D	5 S T Q Q S S D	6 S T Q Q S S D
7 S T Q Q S S D	8 S T Q Q S S D	9 S T Q Q S S D
10 S T Q Q S S D	11 S T Q Q S S D	12 S T Q Q S S D
13 S T Q Q S S D	14 S T Q Q S S D	15 S T Q Q S S D
16 S T Q Q S S D	17 S T Q Q S S D	18 S T Q Q S S D
19 S T Q Q S S D	20 S T Q Q S S D	21 S T Q Q S S D
22 S T Q Q S S D	23 S T Q Q S S D	24 S T Q Q S S D
25 Natal		S T Q Q S S D
26 S T Q Q S S D	27 S T Q Q S S D	28 S T Q Q S S D
29 S T Q Q S S D	30 S T Q Q S S D	31 S T Q Q S S D

O espírito natalino

Natal é festa de família, é tempo de lembrar as amizades próximas e as distantes, é momento de evocar e compartilhar sentimentos nobres e regeneradores!

O que mais você deseja receber e ofertar? Inspire-se nestas sugestões e pendure na sua árvore os corações com as atitudes que espera vivenciar neste Natal e ao longo do próximo ano.

Decorar a casa

O que seria do Natal sem os enfeites, as luzes e os ornamentos tradicionais? Cada objeto tem uma simbologia, um significado particular.

O presépio, por exemplo, reproduz a cena tão conhecida do nascimento de Jesus. As bolas coloridas recordam os frutos e dons recebidos ao longo do ano, a árvore representa a vida. As velas, que enfeitam a mesa da ceia, simbolizam a luz de Cristo, que ilumina a nossa vida.

Há muitos outros enfeites, como anjos, sinos, estrelas... cada um com simbolismo próprio.

A montagem dos enfeites e do presépio é feita aos poucos, iniciando a partir do primeiro domingo do Advento e culminando com a colocação do Menino Jesus no dia 24. Já a desmontagem acontece no dia seguinte à solenidade do Batismo de Jesus, quando se encerra o Tempo do Natal.

A estrela de Natal

Segundo o Evangelho de Mateus 2,1-5, três sábios saíram do Oriente seguindo uma estrela incomum. Ao chegarem à cidade de Jerusalém, perguntaram: "Onde está o recém-nascido rei dos judeus? Vimos surgir sua estrela e viemos reverenciá-lo". Os sumos sacerdotes e escribas do povo responderam: "Em Belém da Judeia, pois assim foi escrito pelo profeta".

Que tal fazer sua própria estrela, para enfeitar a árvore de Natal?

Materiais

- Dois quadrados de papel espelho no tamanho 15 x 15 cm
- Fita adesiva

Modo de fazer

1. Dobre um quadrado, formando um retângulo.
2. Dobre mais uma vez.
3. Corte as linhas retas até perto do centro.
4. Dobre cada quadrado separadamente, formando um cone.
5. Cole os cones com fita adesiva.
6. Faça outras estrelas e cole umas sobre as outras para dar maior volume.

1.

2.

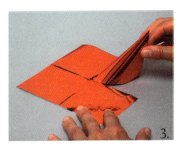

3.

4.

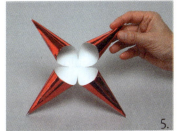

5.

6.

Selecionar as músicas

As músicas natalinas nos ajudam a entrar no clima festivo e oracional.

Os cantos clássicos de Natal celebram a ternura de Deus, que vem a nós na pessoa de seu Filho, feito criança, para inaugurar um tempo de justiça, fraternidade e paz. Você pode baixar esses cantos da internet, escolher um CD ou convidar as pessoas para tocarem ou cantarem juntas as músicas tradicionais e mais conhecidas.

BATE O SINO PEQUENINO (D.R.)

Bate o sino pequenino
Sino de Belém
Já nasceu Deus menino
Para o nosso bem

Paz na Terra, pede o sino
Alegre a cantar
Abençoe Deus menino
Este nosso lar

Hoje a noite é bela
Vamos à capela
Sob a luz da vela
Felizes a rezar

Ao soar o sino
Sino pequenino
Vai o Deus menino
Nos abençoar

Bate o sino pequenino
Sino de Belém
Já nasceu Deus menino
Para o nosso bem

Paz na Terra, pede o sino
Alegre a cantar
Abençoe Deus menino
Este nosso lar

Assistir a um filme natalino

Cinema é sinônimo de cultura e é inegável seu poder de comunicação.

Reunir a família ou colegas para assistir a um bom filme, além de divertido, cria uma atmosfera de encanto, magia e emoção que envolve a todos!

Revejam filmes antigos ou pesquisem os lançamentos. O que vale mesmo é passar bons momentos juntos!

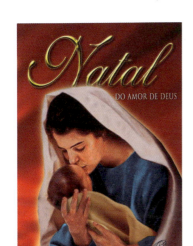

Uma boa dica é o DVD de Paulinas Multimídia, *Natal do amor de Deus*, de apenas 30 minutos, que também pode ser utilizado em celebrações de Natal de empresas, comunidades e grupos.

Preparar receitas com sabor de Natal

O Natal traz à tona o desejo de resgatar as tradições e a memória de aromas e sabores do passado, quando peregrinos viajavam longas distâncias e reuniam-se em volta da mesa de um bom anfitrião para confraternizarem e relembrarem os ensinamentos de Jesus sobre a partilha dos alimentos.

Os pratos preparados com esse espírito adquirem significados especiais, que enchem os olhos, o paladar e o coração!

BISCOITO DE NATAL

Massa

500 gramas de farinha de trigo
200 gramas de açúcar
75 gramas de manteiga em temperatura ambiente
4 ovos
1/2 colher de sopa (rasa) de bicarbonato de amônio ou sal amoníaco

Misture todos os ingredientes. Abra a massa com rolo e corte com um cortador de biscoitos. Leve para assar em uma fôrma untada, em forno pré-aquecido, em temperatura média.

Cobertura

1 clara de ovo
1 e 1/4 xícara de glaçúcar
gotas de limão

Bata a clara em neve com o açúcar e o limão até ficar bem firme. Espalhe sobre os biscoitos já assados e decore com confeitos coloridos. Leve novamente para o forno por alguns minutos, até que a cobertura seque.

Celebrar o mistério

Natal é tempo de celebrar o mistério de Deus, que se faz humano para nos tornar divinos. É momento de contemplar a fidelidade de Maria e, como ela, dizer "sim" à vontade de Deus.

Fazer uma novena é algo bastante simples e de muito valor. Reze todos os dias a mesma Oração do dia. Em seguida, na Bíblia de sua preferência, leia o Evangelho indicado. Conclua com a Oração final.

NOVENA DE NATAL

Oração do dia
Ó Maria, Mãe de Jesus e minha também, acolha-me entre aqueles que Jesus ama e deseja que sejam bons, humildes e solidários, como você o foi.

Evangelhos
Dia 1: Lc 1,26-27
Dia 2: Lc 1,29-33
Dia 3: Lc 1,38-41
Dia 4: Lc 1,38.42-45
Dia 5: Zc 2,14-17
Dia 6: Jo 1,14
Dia 7: Jo 1,15-18
Dia 8: Is 49,8-13
Dia 9: Sl 23(22)

Oração final
Maria, Mãe de Jesus e minha também, ajude-me a agradecer a Jesus, Filho de Deus, pelas incontáveis bênçãos que recebi.

Escolher os presentes

Presentear pessoas queridas é uma forma de oferecer um pouco de si mesmo. Esse gesto de carinho alegra a quem dá e também a quem recebe!

A tradição de presentear as pessoas queridas no Natal teve origem na visita dos Reis Magos ao Menino Jesus, conforme narra o Evangelho de Mateus 2,11: "Ao entrar na casa, viram o menino com Maria, sua mãe, e, prostrando-se, reverenciaram-no. Então abriram seus cofres e lhe ofereceram presentes: ouro, incenso e mirra".

Faça uma lista de presentes para não se esquecer de ninguém e ter tempo de ir às compras ou de fazer algo especial para aquela pessoa de que tanto gosta.

NOME	PRESENTE

ORGANIZAR UM AMIGO-SECRETO

Em vez de dar presentes para todos os amigos e familiares, uma boa dica é realizar o tão conhecido amigo-secreto, que pode ser feito em casa, no trabalho, na escola, através de sorteio de nomes ou com presentes variados, sem direcionar a alguém específico.

É interessante definir os limites de preço máximo e mínimo para ninguém exagerar ou se sentir injustiçado, afinal o mais importante é a partilha, a participação, de forma que todos sejam envolvidos pelo clima natalino!

Fazer um gesto concreto

Com a chegada do Natal, o Menino Deus se faz presente no meio de nós. É hora de despertarmos para o compromisso com a oração, ligando-a a uma ação concreta.

Aproveite o tempo de preparação para a chegada do Menino Jesus e dedique um pouco de si ao próximo, por meio de gestos solidários, como, por exemplo:

- ★ Doar alimentos, material de higiene ou limpeza para entidades beneficentes;
- ★ Preparar uma sacolinha para crianças carentes, com roupas, brinquedos, livros etc.;
- ★ Visitar idosos e doentes em hospitais e asilos;
- ★ Redigir cartas ditadas por pessoas com dificuldades de visão ou que não tiveram oportunidade de aprender a ler e escrever;
- ★ Prestar ajuda a alguém que esteja sofrendo ou a alguma comunidade carente.

Estas são apenas algumas sugestões. Esteja atento aos sinais à sua volta. Não faltarão motivos e momentos de se fazer presente na vida de alguém.

Lembrar-se dos falecidos

Para o ser humano, não há nada pior que ser esquecido. Por isso, neste tempo de preparação para o Natal, é importante recordarmos nossos amigos e familiares falecidos e celebrar o conforto da fé.

Lembrarmos dos nossos entes queridos é um sinal de amor, gratidão e comunhão.

Escreva abaixo o nome das pessoas de quem você gostaria de se lembrar

_____

_____

_____

_____

MORRER FAZ PARTE DO VIVER

Geralmente, pensamos a morte fora da vida. Gastar tempo, consumir energia, renunciar a algo, perder: tudo isso é sinal de que diariamente a vida se consome como acontece com a vela, ao produzir luz.

Não permanecemos eternamente na terra. Na vida há também cansaço e busca de repouso. Depois de uma jornada de trabalho, é preciso descansar. Passado um dia ensolarado, segue o pôr do sol. Os livros tendem ao epílogo e uma novela se desenrola para o último capítulo. Há muita beleza no fim. Os latinos diziam: *finis coronat opus* [o fim coroa a obra].

Preparar-se para o entardecer da vida não é olhar para a noite da morte, mas perceber que o sol se põe deste lado da existência, para continuar a iluminar a outra, onde é sempre dia. Afinal, quando é noite aqui, é dia no outro lado do planeta. De certa forma, isso nos ajuda a compreender a vida: quando morremos, apagamos para este mundo, mas vivemos e somos iluminados na vida eterna que Deus nos preparou.

(Dom Leomar Brustolin)

Relembrar o nascimento de Jesus

“ Naqueles dias, saiu um decreto de César Augusto para que se fizesse um recenseamento de todo o mundo habitado. Esse foi o primeiro recenseamento realizado quando Quirino era governador da Síria. Todos iam registrar-se, cada um em sua cidade. Também José, por ser da casa e da família de Davi, subiu da cidade de Nazaré, na Galileia, até a cidade de Davi, chamada Belém, na Judeia, para registrar-se com Maria, desposada com ele, que estava grávida. E, enquanto estavam ali, completaram-se os dias para ela dar à luz, e ela deu à luz seu filho primogênito; envolveu-o com faixas e o recostou numa manjedoura, porque não havia lugar para eles na sala.

Na mesma região, havia alguns pastores passando a noite nos campos e cuidando de seu rebanho. Um anjo do Senhor se apresentou a eles, e a glória do Senhor resplandeceu em volta deles. Eles ficaram tomados de grande temor, mas o anjo lhes disse: "Não temais! Eu vos anuncio

uma Boa-Nova, que causará grande alegria a todo o povo: hoje, na cidade de Davi, nasceu para vós um salvador, que é Cristo Senhor. Isto vos servirá de sinal: encontrareis um recém-nascido envolto em faixas e deitado numa manjedoura". De repente, junto com o anjo, apareceu uma multidão do exército celeste, louvando a Deus e dizendo: "Glória a Deus nas alturas, e na terra paz aos homens, nos quais ele se compraz". Assim que os anjos os deixaram e foram para o céu, os pastores disseram uns aos outros: "Passemos por Belém para ver o que aconteceu, o que o Senhor nos deu a conhecer". Foram às pressas e encontraram Maria, José e o recém-nascido deitado na manjedoura. Eles o viram e contaram o que lhes fora dito a respeito do menino. Todos os que ouviram ficaram maravilhados com o que lhes era dito pelos pastores. Maria, por sua vez, conservava tudo isso, meditando-o em seu coração. Os pastores regressaram, glorificando e louvando a Deus por tudo o que tinham ouvido e visto, conforme lhes fora dito.

Quando se completaram os oito dias para circuncidá-lo, foi-lhe dado o nome de Jesus, o nome dado pelo anjo antes de ele ter sido concebido.

(Lucas 2,1-21)

Natal é

Se tens amigos, busca-os!
O Natal é encontro.

Se tens inimigos, reconcilia-te!
O Natal é paz.

Se tens pobres ao teu lado, ajuda-os!
O Natal é dom.

Se tens soberba, sepulta-a!
O Natal é humildade.

Se tens dívidas, paga-as!
O Natal é justiça.

Se tens pecado, converte-te!
O Natal é graça.

Se tens trevas, acende o teu farol!
O Natal é luz.

Se tens tristeza, reaviva a tua alegria!
O Natal é gozo.

Se estás no erro, reflete!
O Natal é verdade.

Se tens ódio, esquece-o!
O Natal é amor.

(C. Maradel)

Referências

A Bíblia. Novo Testamento. São Paulo: Paulinas, 2016.

Leomar Brustolin. *Como será depois?* São Paulo: Paulinas, 2015.

Natividade Pereira. *Artes, histórias e mitos do Natal*. São Paulo: Paulinas, 2002.

Noemi Dariva. *Lembrando nossos mortos*. São Paulo: Paulinas, 2016.

Papa Francisco. *Encontro de Natal*. São Paulo: Paulinas, 2014.

Rosana Pulga. *Novena natalina*. São Paulo: Paulinas, 2009.

Direção-geral: *Flávia Reginatto*
Organização: *Andréia Schweitzer e Marina Mendonça*
Revisão: *Equipe Editorial*
Gerente de produção: *Felício Calegaro Neto*
Produção de arte: *Jéssica Diniz Souza*
Imagens: *Fotolia.com*

1ª edição – 2017

Nenhuma parte desta obra poderá ser reproduzida ou transmitida por qualquer forma e/ou quaisquer meios (eletrônico ou mecânico, incluindo fotocópia e gravação) ou arquivada em qualquer sistema ou banco de dados sem permissão escrita da Editora. Direitos reservados.

Paulinas

Rua Dona Inácia Uchoa, 62
04110-020 – São Paulo – SP (Brasil)
Tel.: (11) 2125-3500
http://www.paulinas.org.br / editora@paulinas.com.br
Telemarketing e SAC: 0800-7010081

© Pia Sociedade Filhas de São Paulo – São Paulo, 2017